ALPHABET

MNÉMONIQUE,

EXTRAIT DE LA MÉTHODE DE LECTURE

PAR DEMANDES ET PAR RÉPONSES,

PRÉSENTANT, DANS UN ORDRE PROGRESSIF, LES MOYENS PROPRES A APPRENDRE A LIRE AUX ENFANTS, DANS UN ESPACE DE TEMPS TRÈS-COURT, EN EXERÇANT LEUR JUGEMENT, EN MEUBLANT LEUR ESPRIT DE LA DÉFINITION EXACTE D'UNE GRANDE QUANTITÉ DE MOTS ET EN LES FAMILIARISANT DE BONNE HEURE AVEC L'ORTHOGRAPHE DES HOMONYMES.

PAR CH. WILHORGNE,

AVOCAT.

PARIS,

A LA LIBRAIRIE CLASSIQUE ÉLÉMENTAIRE

DE BELIN-MANDAR,

RUE CHRISTINE, 5.

ROUEN, EDET JEUNE, LIBRAIRE,

RUE BEAUVOISINE, 9.

1843.

ALPHABET
MNÉMONIQUE.

L'auteur poursuivra tout contrefacteur ou débitant de contrefaçons de cet Alphabet.

SAINT-CLOUD. — IMPRIMERIE DE BELIN-MANDAR.

ALPHABET

MNÉMONIQUE,

EXTRAIT DE LA MÉTHODE DE LECTURE

PAR DEMANDES ET PAR RÉPONSES,

PRÉSENTANT, DANS UN ORDRE PROGRESSIF, LES MOYENS PROPRES A APPRENDRE A LIRE AUX ENFANTS, DANS UN ESPACE DE TEMPS TRÈS-COURT, EN EXERÇANT LEUR JUGEMENT, EN MEUBLANT LEUR ESPRIT DE LA DÉFINITION EXACTE D'UNE GRANDE QUANTITÉ DE MOTS ET EN LES FAMILIARISANT DE BONNE HEURE AVEC L'ORTHOGRAPHE DES HOMONYMES.

PAR CH. WILHORGNE,

AVOCAT

PARIS,

A LA LIBRAIRIE CLASSIQUE ÉLÉMENTAIRE

DE BELIN-MANDAR,

RUE CHRISTINE, 5.

ROUEN, EDET JEUNE, LIBRAIRE,

RUE BEAUVOISINE, 9.

1843.

1844

(S?.3)

PREMIER EXERCICE.

LETTRES DE L'ALPHABET.

A	1.	D.	d.	*d.*
B	2.	O.	o.	*o.*
C	3.	L.	l.	*l.*
D	4.	H.	h.	*h.*
E	5.	U.	u.	*u.*
F	6.	R.	r.	*r.*
G	7.	T.	t.	*t.*
H	8.	A.	a.	*a.*
I	9.	N.	n.	*n.*
J	10.	I.	i.	*i.*
K	11.	C.	c.	*c.*
L	12.	K.	k.	*k.*
M	13.	S.	s.	*s.*
N	14.	B.	b.	*b.*
O	15.	AG.	ag.	*ag.*
P	16.	EP.	ep.	*ep.*
Q	17.	QV.	qv.	*qv.*
R	18.	FIJ.	fij.	*fij.*
S	19.	LFX.	lfx.	*lfx.*
T	20.	ME.	me.	*me.*
U	21.	PY.	py.	*py.*
V	22.	Z.	z.	*z.*
X				
Y				
Z				

EXERCICES PRÉPARATOIRES.

SONS (OU VOYELLES) SIMPLES.

a   e   i o   u   y.
Pa-let, me-sure, po-li, mu-tin, Remy.

Toutes les lettres autres que les sons simples sont des articulations (consonnes).

Equivalents des sons simples non accentués.

a	**at**	**fat.**
e	eu (peu) œu (vœu) œud (nœud) eux (deux) œux (vœux) œufs (bœufs).	
i	**it**	**lit.**
o	**ot**	**pot.**
u	**ut**	**but.**

ACCENTS.

Accent aigu(´). . . . . bonté, cassé.
Accent grave(`). . . . . père, mère.
Accent circonflexe(^) pâ-te, bê-ler, dî-me, tô-le, flû-te.

Equivalents des sons simples accentués

é

bon-té, cas-sé.

1. ai	mai.
2. ée	fée.
3. ez	nez.
4. eai	geai.
5. er	dan-ger
6. ers	lé-gers

è
pè-re, mè-re.

1. ai — ai-de.
2. ei — pei-ne.
3. et — ca-det.
4. ey — joc-key.

â
pâ-te, â-ne.

1. ah — ah!
2. as — bas.
3. ât — mât.
4. ats — plats.

ê
mê-ler, bê-ler.

1. aix — paix.
2. ais — frais.
3. aits — faits.
4. ets — mets.
5. ès — dé-cès.
6. aie — taie.
7. aît — dé-plaît.
8. aids — plaids.
9. egs — legs.
10. êt — fo-rêt.
11. est — est.
12. eais — geais.
13. aient — ai-maient.

Î
di-me.

1. is — a-nis.
2. its — ha-bits.
3. ils — fils.
4. ie — lie.
5. id (s) — nid (s).
6. ix — per-drix.
7. iz — riz.

Ô
tô-le, rô-le.

1. au — au-tre.
2. cau — peau.
3. os — vos.
4. aux — chaux.
5. eaux — cha-peaux.
6. ots — pa-vots.
7. aut — saut.
8. aud — chaud.
9. aulx — faulx.

Û
flû-te, bû-che.

1. us — jus.
2. ue — rue.
3. uts — fûts.
4. ux — flux.
5. ût — af-fût.

SONS COMPOSÉS.

ou	an	in	on	un
pou	pan	lin	bon	brun

Equivalents des sons composés.

ou
pou.

1. oux   choux.
2. ous   vous.
3. oup   loup.
4. out   bout.
5. oups   coups.
6. oût   août.
7. outs   goûts.
8. ouls   pouls.

an
pan.

1. am   am-pou-lé.
2. en   en-tier.
3. ent   vent.
4. empt   exempt.
5. ant   char-mant.
6. em   em-pi-re.
7. and   grand.
8. ands   grands.
9. end   vend.
10. ang   rang.
11. eng   ha-reng.

12. ens   sens.
13. emps   temps.
14. ants   chants.
15. amp (s)   champ (s).
16. anc   blanc.
17. ancs   bancs.
18. ean   Jean (saint).
19. aen   Caen.
20. ans   sans (préposit.).

in

lin.

1. im   im-pas-se.
2. ain   bain.
3. ein   sein.
4. aim   faim.
5. eint   peint.
6. aint   saint.
7. ym   thym.
8. înt   re-tînt.
9. ingt   vingt.
10. inct   ins-tinct.
11. eins   feins.
12. inq (devant une articulation)   cinq.
13. ains   plains.
14. yn   *lynx*.
15. eing   seing (sous-).

on
bon.

1. om   om-bre.
2. omb   plomb.
3. ond   rond.
4. onc   jonc.
5. ong   long.
6. ons   ai-mons.
7. onds   fonds.
8. ont   vont.
9. ompt (s)   prompt (s).

un
brun.

1. hum   hum-ble.
2. eun   jeun (à).
3. unt   em-prunt.
4. um   par-fum.
5. huns   Huns.

DIPHTHONGUES.

oi	ui	ieu	ian	ien	ion
foi	lui	Dieu	vian-de	bien	lion

oin	oui	ia	ié	io	uin
loin	oui	dia-ble	a-mi-tié	pio-che	juin

Equivalents des diphthongues.

oi
foi.

1. ois   bois.
2. oix   croix.
3. oie   joie.
4. oigt (s)   doigt (s).
5. oids   poids.
6. oit.   toit.

ui
lui.

1. uis   buis.
2. uie   suie.
3. uit (s)   cuit (s).
4. uid (s)   muid (s)

ieu
Dieu.

1. ieux   cieux

ian
vian-de.

1. iant   liant.
2. iand (s)   friand (s).

ien
bien.

1. ient   ob-tient.
2. iens   viens.

ion
lion.

1. ions   con-fions.

oin
loin.

1. oing   poing.
2. oint   oint.
3. oins   moins.

oui
oui.

1. ouis   Louis (saint).

ia
dia-ble.

1. iat   o-piat.

ié
a-mi-tié.

1. ied (s)   pied (s).

LETTRES SIMILAIRES.

p	b	pain bis.
c	q (k)	co-que.
g	j	gou-jon.
f	v	fè-ve.
t	d	tiè-de.
s	z	sei-ze.

IIe EXERCICE.

EXEMPLES DE SONS SIMPLES PRÉCÉDÉS D'UNE ARTICULATION SIMPLE, FORMANT DES MOTS.

	Sons articulés.		Mots orthographiés.
1. **a**	bâ / fa	(bâ-ton) / (fa-lot)	bas. / fat.
2. **e**	ne / de	(ne-veu) / (de-vin)	nœud. / deux.
3. **é**	mé / né	(mé-chant) / (né-ant)	mai. / nez.
4. **ê**	mê / tê	(mê-ler) / (tê-te)	mets. / taie.
5. **i**	bi / li	(bi-det) / (li-re)	bis. / lit.
6. **o**	do / ro	(dô-me) / (rô-tie)	dos. / rôt.
7. **u**	ju / nu	(ju-ry) / (nu-mé-ro)	jus. / nu.

SYLLABES COMPLÉMENTAIRES.

Ca, ga, ka, pu, vu, pè, py, qui, que, gi, sè, ze, xa.

IIIᵉ EXERCICE.

EXEMPLES DE SONS COMPOSÉS PRÉCÉDÉS D'UNE ARTICULATION SIMPLE, FORMANT DES MOTS.

		Sons articulés		Mots orthographiés.
1.	**an**	ban (ban-que)		banc.
		can (can-tal)		camp.
		dan (dan-se)		dents.
		gan (gan-ter)		gants.
2.	**in**	fin (Fin-lan-de)		faim.
		min (min-ce)		main.
		nin (ve-nin)		nain.
		pin (pin-te)		pain.
		tin (tin-ter)		teint.
		vin (vin-dic-te)		vin.
3.	**on**	son (son-de)		son.
4.	**ou**	jou (jou-jou)		joue.
		rou (rou-lier)		roue.
		lou (lou-pe)		loup.

SYLLABES COMPLÉMENTAIRES.

Kan, xan, yan, con, zon, kin, cun, dun, bun, lun, fun.

IVᵉ EXERCICE.

EXEMPLES DE DIPHTHONGUES PRÉCÉDÉES D'UNE ARTICULATION SIMPLE, FORMANT DES MOTS.

		Sons articulés.		Mots orthographiés.
1.	**oi**	boi	(boi-teux)	bois.
		doi	(doi-tée)	doigt.
		foi	(foi-son)	foi.
		voi	(voi-tu-re)	voix.
2.	**ui**	nui	(nui-re)	nuit.
		sui	(sui-te)	suie.
		cui	(cui-vre)	cuit.
		pui	(puî-né)	puits.
3.	**oin**	join	(join-dre)	joint.
		poin	(poin-çon)	point.
4.	**ia**	dia	(dia-ble)	dia.
5.	**ié**	pié	(Pié-mont)	pied.
6.	**ieu**	dieu	(Dieu-ze)	Dieu.
7.	**ien**	bien	(bien-fait)	bien.
8.	**oui**	oui	(oui-da)	oui.
9.	**uin**	juin	—	juin.

SYLLABES COMPLÉMENTAIRES.

Loi, noi, moin, rien, coi, goi, gui, gien, cien (s), tieux (s).

Vᵉ EXERCICE.

EXEMPLES DE SONS SIMPLES SUIVIS D'UNE ARTICULATION SIMPLE, FORMANT DES MOTS.

		Sons articulés.		Mots orthographiés
1.	a	al	(al-bum)	hal-le.
		ar	(ar-gent)	art.
		as	(as-pect)	as.
2.	e	el	(el-le)	ai-le.
		er	(er-mi-te)	ai-re.
3.	i	il	(il-lé-gal)	î-le.
4.	o	or	(or-du-re)	or.
5.	u	ur	(ur-ne)	hu-re.

SYLLABES COMPLÉMENTAIRES.

Comprenant la nomenclature des sons simples suivis d'articulations simples, ne formant aucuns mots

a

ab	ab-cès.
ac	ac-tif.
ad	ad-mi-rer.
af	af-fai-re.
ag	ag-gra-ver.
ap	ap-prêt.
at	at-mos-phè-re.

e

ec	Ec-clé-si-as-te.
ed	Ed-mond.
em	em-mi-el-ler.
es	es-prit.
et	Et-na.
ex	ex-cu-se.

i

ic	ic-tè-re.
ig	ig-né.
im	im-mor-tel.
in	in-né.
ip	ip-tè-re.
ir	Ir-lan-de.
is	Is-lan-de.

o

om	om-ni-bus.
op	op-ter.
os	os-té-o-lo-gie.
ox	Ox-ford.

u

ul	ul-cè-re.
us	us-ten-sile.

VIᵉ EXERCICE.

EXEMPLES DE SONS SIMPLES ENTRE DEUX ARTICULATIONS, FORMANT DES MOTS.

Sons articulés.		Mots orthographiés.
1. bag	(ba-gue-nau-dier)	ba-gue.
2. cer	(cer-veau)	ser-re.
3. for	(for-tu-ne)	fort.
4. gar	(gar-de)	ga-re.
5. mul	(mul-ti-tu-de)	mu-le.
6. mor	(mor-ceau)	mort.
7. red	(red-di-tion)	rai-de.
8. cap	(cap-tu-re)	cap.
9. dar	(dar-tre)	dard.
10. lar	(lar-me)	lard.
11. nor	(Nor-mand)	nord.
12. pur	(pur-ga-tion)	pu-re.
13. sis (sys)	(sys-tè-me)	six.
14. ter	(ter-me)	ter-re.
15. vol	(vol-te)	vol.

SYLLABES COMPLÉMENTAIRES.

Quel, qu'il, rag (j), nul, cag (j), cav, rob, nap, dim, din (dine), gam, pat, pac, gym (j), jar, dif, sub, zes.

VIIᵉ EXERCICE.

EXEMPLES D'ARTICULATIONS ENTRE DEUX SONS SIMPLES ET COMPOSÉS, FORMANT DES MOTS.

		Sons articulés.		Mots orthographiés.
1.	**a**	a–bi a–qui a–jun a–mi a–nié a–vé	(a–bî–me) (ac–quit–ter) — (a–mi–don) — (a–ve–ron)	ha–bit. ac–quit. à–jeun. a–mi. â–nier. a–ve.
2.	**e**	eu–reu é–gou	(heu–reu–se–ment) (é–gout–ter)	heu–reux. é–gout.
3.	**i**	i–dée i–dio	(i–dé–o–lo–gie) (i–di–o–tis–me)	i–dée. i–diot.
4.	**ê**	ê–ran	—	er–rant.
5.	**an**	an–fan	(en–fan–te–ment)	en–fant.
6.	**on**	on–dé	(on–dé–ci–mal)	on–dée.
7.	**u**	u–zé	—	u–sé.
8.	**in**	in–po	(im–pos–si–ble)	im–pôt.
9.	**ou**	ou–ti ou–leu	(ou–ti–bot) —	ou–til. hou–leux.

SYLLABES COMPLÉMENTAIRES.

A–bu, a–ra, a–ve, é–cu, é–din, é–di, é–cieu, o–ran, en–dui, in–dien.

VIIIᵉ EXERCICE.

EXEMPLES DE SONS COMPOSÉS ET DE DIPHTHONGUES ENTRE
DEUX ARTICULATIONS SIMPLES, FORMANT DES MOTS.

Sons articulés.   Mots orthographiés.

1. **eu**   { beur (la-beur)   beur-re.
            { peur (sa-peur)   peur.
            { seul   —   seul.

2. **oi**   { poir (es-poir)   poi-re.
            { soir (as-seoir)   soir.
            { noir (ma-noir)   noir.
            { foir (chauf-foir)   foi-re.

3. **ou**   { cour (cour-tier)   cour.
            { jour (jour-nal)   jour.
            { four (four-mi)   four.
            { louv (lou-ve-teau)   lou-ve.
            { sour (sour-di-ne)   sourd.

4. **ui**   cuir   —   cuir.

SYLLABES COMPLÉMENTAIRES.

Leur, meur, queur, duir, fouir, neur, gour, reur, deur, veur, moir, teur.

IXᵉ EXERCICE.

EXEMPLES DE SONS SIMPLES ET COMPOSÉS ET DE DIPHTHONGUES, PRÉCÉDÉS D'UNE ARTICULATION DOUBLE EN r, FORMANT DES MOTS.

	Sons articulés.			Mots orthographiés.
1.	a	dra	(dra-peau)	drap.
2.	e	cre	(creu-set)	creux.
3.	é	pré	(pré-fa-ce)	pré.
4.	ê	frê	(frê-ne)	frais.
5.	i	pri	(pri-me)	prix.
6.	o	gro	(gro-seil-le)	gros.
7.	u	dru	(dru-i-de)	drus.
8.	an	fran	(Fran-ce)	franc.
9.	in	crin	(crain-te)	crin.
10.	on	tron	(tron-çon)	tronc.
11.	ou	trou	(trou-peau)	trou.
12.	ui	frui	(frui-tier)	fruit.
13.	oi	droi	(droi-tu-re)	droit.

SYLLABES COMPLÉMENTAIRES.

Grè, brâ, vrê, trâ, brun, trio.

Xᵉ EXERCICE.

EXEMPLES DE SONS SIMPLES ET COMPOSÉS ET DE DIPHTHONGUES PRÉCÉDÉS D'UNE ARTICULATION DOUBLE EN **l**, FORMANT DES MOTS.

	Sons articulés.			Mots orthographiés.
1.	**a**	pla	(pla-teau)	plat.
2.	**e**	ble	(bleu-â-tre)	bleu.
3.	**é**	clé	(clé-men-ce)	clef.
4.	**ê**	plè	(plai-ne)	plaie.
5.	**i**	pli	(pli-er)	pli.
6.	**o**	flo	(flo-rès)	flot.
7.	**u**	glu	(glu-ten)	glu.
8.	**an**	flan	(Flan-dre)	flanc.
9.	**in**	plin	(plin-the)	plein.
10.	**on**	plon	(plon-geon)	plomb.
11.	**ou**	clou	(clou-tier)	clou.
12.	**ui**	plui	—	pluiè.
13.	**oi**	bloi	—	Blois.

SYLLABES COMPLÉMENTAIRES.

Glè, vlan, clio.

Exemples du CH, *suivi de sons simples et composés, formant des mots.*

1. **a** cha (cha-peau) chat.
2. **au** chau (chau-me) chaud.
3. **ou** chou (chou-quet) chou.
4. **an** chan (chan-teur) champ.
5. **oi** choi (choi-sir) choix.
6. **ien** chien (chien-dent) chien.

XIᵉ EXERCICE.

EXEMPLES D'ARTICULATIONS DOUBLES ENTRE DEUX SONS SIMPLES ET COMPOSÉS, FORMANT DES MOTS. — **ch** AU MILIEU DES MOTS. — ARTICULATIONS DOUBLES EN **r** ET EN **l**.

		Sons articulés.		Mots orthographiés
ch-r-	1. **a**	a-cha	(a-cha-lan-der)	a-chat.
		a-bri	(a-bri-cot)	a-bri.
		a-prê	(ap-prê-ter)	ap-prêt.
		a-droi	(a-droi-te-ment)	a-droit.
		a-fron	(af-fron-ter)	af-front.
		a-cro	(a-cro-ba-te)	ac-croc.
	2. **é**	é-chu	(é-chu-ter)	é-chu.
		é-troi	(é-troi-te-ment)	é-troit.
	3. **o**	o-trui	—	au-trui.
	4. **ou**	ou-vré	—	ou-vrez.
l-	5. **é**	é-clo	(é-clo-sion)	é-clos.
	6. **an**	an-glai	—	An-glais.
	7. **un**	un-ble	(hum-ble-ment)	hum-ble.
	8. **ou**	ou-bli	(ou-bli-er)	ou-bli.

SYLLABES COMPLÉMENTAIRES.

A-grè, ai-gre, a-flu, ai-glon, ê-tre, y-dre, em-pli, on-cle, i-vre.

XIIe EXERCICE.

DIFFICULTÉS.

Sons simples précédés ou suivis d'articulations doubles ou triples.

---

1. **sc** devant **a, o, u.** — Scal-pel, scor-pion, sculp-teur.
2. **sl**   Sla-ves, sla-bres.
3. **sq**   Squir-re.
4. **st**   Sti-mu-ler, stan-ce, sté-no-gra-phe, sty-le, stu-dieux, sto-ma-chi-que.
5. **sp**   Spas-me, spec-tre, spé-ci-men, spi-ral, cons-pu-er, spo-lier.
6. **phr** (fr) Phra-se, phré-no-lo-gie, Phry-gie, cam-phre, Phro-ni-me.
7. **sph** (sf) Sphè-re, sphinx, spho-dre.
8. **spl**   Splen-deur, spleen (ine).
9. **scr**   Scro-tum (ome), scru-tin, scri-be.
10. **str**   Stra-té-gie, stri-dent, stro-phe, struc-tu-re, stret-te.

11. **act**   E-xact, com-pact, con-tact, tact.
12. **ars**   Mars, é-pars.
13. **ect**   Cor-rect, ab-ject, cir-cons-pect, as-pect, di-rect, in-fect, res-pect.
14. **erf**   Nerf, cerf, serf (es-cla-ve).
15. **urc**   Turc.
16. **usc**   Busc, musc.
17. **isc**   Fisc.
18. **arc**   Arc, Marc, parc.
19. **est**   Est, nord-est, Brest, lest, ouest, test, zest.
20. **ours**   Ours.

Quelques exemples du **gn.**

A-gneau, bor-gne, cam-pa-gne, cy-gne, pi-gnon, tro-gne, etc.

Es-pa-gno-let-te, ma-gna-ni-me, etc.

Le **g** *doit être séparé de l'***n** *dans :*

Ag-na-ti-on, i-nex-pug-na-ble, reg-ni-co-le, stag-na-ti-on, etc.

XIIIᵉ EXERCICE.

DIFFICULTÉS.

Mots non encore connus des enfants, dans lesquels les articulations finales ne se font point entendre.

	Sons articulés.	Mots orthographiés.
1.	**es-to-ma**	es-to-ma*c*.
2.	**cler**	cler*c*.
3.	**a-cor**	ac-cor*d*.
4.	**lar**	lar*d*.
5.	**cho-co-la**	cho-co-la*t*.
6.	**ner**	ner*fs*.
7.	**ou-ti**	ou-ti*l*.
8.	**fî**	fi*ls*.
9.	**mo-sieu**	mo*n*-sieu*r*.
10.	**al-ma-na**	al-ma-na*ch*.
11.	**e-xem** (an)	e-xem*pt*.
12.	**cor**	cor*ps*.
13.	**gô**	Go*ths*.
14.	**ha-ren** (an)	ha-reng.
15.	**pen-se**	pen-se*nt*.
16.	**jé-su-cri**	Jé-sus-C*h*ris*t*.
17.	**ho-neur**	ho*n*-neur.
18.	**di fran**	di*x* fran*cs*.
19.	**ba-tê-me**	ba*p*-tê-me.

XIVᵉ EXERCICE.

DIFFICULTÉS.

Liaison des mots.

1. Per-te im-men-se.
   Pei fim-men-se.
2. Bon a-loi.
   Bo na-loi.
3. In-oc-ta-vo.
   I-noc-ta-vo.
4. Vous a-vez rai-son.
   Vou za-vé rai-zon.
5. Bê-te à cor-nes.
   Bè ta cor-nes.
6. Il croit en Dieu.
   Il croi ten Dieu.
7. Main armée.
   Min ar-mee.
8. Il se trom-pe aus-si.
   Il se trom-paus-si.
9. Bœuf à l'her-be.
   Beu fa l'her-be.
10. Il trou-ve à re-di-re.
    Il trou va re-di-re.
11. But-te é-le-vée.
    Bu té-le-vée.
12. Dou-ze ans.
    Dou-zans.
13. Grand hom-me.
    gran tomme.
14. Rang é-le-vé.
    Ran ké-le-ve.
15. Heu-reux et fier.
    Eu-reu zé fier.
16. Sens in-ti-me.
    Sen sin-ti-me.
17. Mar-chand en foi-re.
    Mar-chan ten foire.
18. For in-té-rieur.
    Fo rin-té-rieur.
19. Seul au mon-de.
    Seu lau mon-de.
20. Ta-bac in-féri-eur.
    Ta-ba kin-fe-rieur.
21. Il a faim et soif.
    Il a fin né soif.
22. Il ai-me à par-ler.
    Il ai-ma par-ler.
23. Dix à table.
    Di sa ta-ble.
24. Ain-si soit-il.
    Ain-si soi til.

XVe EXERCICE.

DIFFICULTÉS.

Valeur exceptionnelle de quelques lettres. — Irrégularités.

c	comme s	dans	ci-dre, ce-ci, ci-té, cy-gne, cel-le (c devant e i).
ç	— s	—	le-çon, re-çu, fa-ça-de.
c	— q-k	—	é-cu-reuil, dé-co-ra-tion, cam-bré.
c	— g	—	se-cond.
e	— a	—	pru-dent, es-cient, con-tent, e-xempt.
e	— oi	—	moel-le, poê-le.
e	— è	—	es-sai, el-lip-se, les-te (e suivi de deux articulations).
g	— j	—	sa-ge, bou-gie, E-gyp-te, ron-gé (g devant e, é, i, y).
m	— n	—	au-tom-ne, am-bi-tieux, trom-be.
t	— s	—	po-tion, pa-tient, am-bi-tieux, (t devant ion, ieux, ient).
s	— z	—	pri-se, po-se, ru-se, pha-se, pè-se (s entre deux sons simples).
q	— c-k	—	coq, pi-qû-re.
x	— z	—	si-xi-è-me, si-xain.
x	— gz	—	e-xer-ci-ce, e-xer-gue, e-xa-men.
x	— ss	—	soi-xan-te, Au-xer-re.
y	— ii	—	pa-ys, mo-yen (y dans le corps d'un mot précédé d'un son simple.

— 27 —

z	comme s	dans	Ro-dez (Ro-dès).
ch	—	c-k —	ar-chan-ge, cha-os, é-cho, chœur.
ch	—	s —	drach-me.
ph	—	f —	phra-se, pha-lan-ge, eu-pho-nie, Thé-o-phi-le.
il-ll	—	ye —	fil-le, bil-le, cour-til-le, tra-vail, co-rail.
tz	—	s —	Metz.
es	—	é —	mes, tes ses, les, ces (es dans les mots d'une seule syllabe).
ez	—	é —	par-lez, ai-mez.
er	—	é —	ri-mer, ap-pe-ler.
et	—	é —	chou-quet, mous-quet.

ez, er, et à la fin des mots.

ge	—	j —	mangea, geô-le, ga-geu-re rou-geaud, man-geoi-re (ge de-vant a, o, u, au, oi).
en	—	in —	men-tor, pen-ta-mè-tre, eu-ro-pé-en.
un	—	on —	fun-ga-te, fun-gi-co-le, fun-gi-te.
qua	—	coua —	é-qua-teur, qua-dra-tu-re, a-qua-ti-que, a-qua-rel-le.

La lettre h n'a aucune valeur, à moins qu'elle ne soit précédée des articulations c ou p.

EXEMPLES.

L'hon-neur, le bon-heur, l'hu-meur, l'hom-me.
l'o-neur, le bo-neur, l'u-meur, l'om-me.

Chat, phré-no-lo-gic, chou, pro-phè-te, A-chil-le, phra-se, en-cé-pha-le, cher.

XVIᵉ EXERCICE.

DIFFICULTÉS.

Sons qui n'ont aucune valeur pour l'oreille.

a dans Saô-ne, ta-on (sô-ne, ton).
e   Caen, as-seoir (kan, as-soir), etc.
o   La-on, pa-on, fa-on (lan, pan, fan).
u   que, qui, quel (ke, ki, kel).

L'apostrophe ('),
Signe remplaçant une lettre supprimée.

L'â-me, l'hom-me, qu'il, qu'el-le, qu'on,
Pour   la â-me,   le hom-me,   que il,   que el-le,   que on,
c'est, j'en-tre, s'es-ti-mer, il vient
Pour   ce est,   je en-tre,   se es-ti-mer,   il vient
d'ap-pren-dre, d'a-vec.
Pour   de ap-pren-dre,   de a-vec.

Signes de la ponctuation.

,   ;   :   .   ?
Virgule, point et virgule, deux points, point, point interrogatif,

!   ....   ( )   « »
point exclamatif, points suspensifs, parenthèses, guillemets,

§   ✱   ¨
paragraphe, astérisque, tréma.

Chiffres arabes.

1   2   3   4   5   6   7   8   9   0
Un, deux, trois, quatre, cinq, six, sept, huit, neuf, zero.

ABRÉVIATIONS.

M.	Mon-sieur.
MM.	Mes-sieurs.
Mme.	Ma-da-me.
Melle.	Ma-de-moi-sel-le.
M^e.	Maî-tre.
M.	Mar-chand.
Le S^r.	Le Sieur.
S. M.	Sa Ma-jes-té.
S. E.	Son E-mi-nen-ce.
S. S.	Sa Sain-te-té.
S. A. R.	Son al-tes-se Ro-ya-le.
S. Exc.	Son Ex-cel-len-ce.
N°.	Nu-mé-ro.
N. B.	No-ta be-nè.
P. S.	Post-scrip-tum.
Ex.	E-xem-ple.
Etc.	Et cœ-te-ra.
T. s. v. p.	Tour-nez, s'il vous plaît.

XVIIe EXERCICE.

DIFFICULTÉS.

PRINCIPALES RÈGLES POUR LA SÉPARATION DES SYLLABES.

Articulations.

Ire RÈGLE. — Lorsque entre deux sons simples ou composés dans la forme se trouvent deux articulations semblables ou différentes, la première de ces articulations appartient au son qui précède, et la seconde au son qui suit :

EXEMPLES.

Sac-ca-ger, ab-bé, ag-gra-ver, red-di-tion, ap-pel, a-ban-don-ner, é-pel-la-tion, par-ri-ci-de, as-su-ran-ce, gut-tu-ral, ac-qué-rir (ak-ké-rir). — Ab-do-men, ob-te-nu, ar-ti-chaut, ré-or-ga-ni-ser, or-di-nai-re, ob-jet. — Con-son-ne, lun-di, pin-çon, san-té, pon-te.

IIe RÈGLE. — Une articulation entre deux sons simples ou composés appartient toujours au second (*V.* le viie exercice).

EXEMPLES.

A-bi-me, a-ca-jou, é-cu, e-don, li-gue, o-kal, o-li-ve, O-lym-pe, u-ma-ri, u-na-ni-me, eu-nu-que, ou-pe-lot-te, ou-ra-gan, oi-seau (z), an-ti-que, on-to-lo-gic, a-ve.

IIIe Règle. — Les articulations de deux lettres dont la seconde est un l ou un r, ainsi que les lettres réunies **ch, gn, ph,** sont regardées comme articulations simples et ne se séparent point.

EXEMPLES.

As-*tre*, exem-*ple*, a-*che*-vé, di-*gn*i-té, ins-*tr*uit, cen-tu-*ple*, cou-*ple*, mi-nis-*tre*, é-*ch*au-dé, sou-*ples*-se, châ-tai-*gne*, dou-*ble*-ment.

Sons.

IVe Règle. — Toutes les fois que les sons simples **a, e, è, é, o, u** sont précédés de la lettre **i**, ces deux lettres sont séparables.

EXEMPLES.

Sci-en-ce, di-a-mant, di-o-ra-ma, a-mé-li-o-rer, va-ri-é-té, pri-è-re, mi-au-ler, pri-a, vi-el-le, di-u-ré-ti-que.

— Séparez aussi **aé, aë, oa, oë.**

A-é-rer, La-ër-te, bo-a, No-ël.

Ve Règle. — Les sons simples **a, i, o, u,** précédés de l'**e** surmonté de l'accent aigu, doivent toujours en être séparés ; — non, si l'**e** n'est pas accentué.

EXEMPLES.

Pé-a-ge, dé-i-té, Bé-o-tie, ré-us-si-te, — man-gea, pei-ne, geô-le, jeux.

— Séparez aussi : **ua, ue, uo,** excepté dans certains cas, lorsque ces lettres sont précédées des articulations **q, g.**

Re-mu-a, cons-pu-é, ru-er, du-o-dé-num,

du-el, du-è-gne, pi-que, da-gue, qua-li-té, quo-ti-dien.

VIe Règle. — Les sons simples **i, u,** précédés des lettres **a, o,** ne doivent en être séparés que lorsqu'ils sont surmontés d'un tréma.

EXEMPLES.

Si-na-ï, Sa-ül, Hé-lo-ï-se, Mo-ï-se, A-ché-lo-üs (noms propres), — mai, au-tre, poi-re, bout.

— Séparez aussi : **ao,** excepté dans les mots : **Saône, taon, août, paon, faon, Laon.**

Cha-os, ca-ca-o.

VIIe Règle. — **ui** ne se sépare que dans les mots :

Flu-i-de, gra-tu-it, in-gé-nu-i-té, cam-bou-is, Lou-is, en-fou-ir, é-pa-nou-ir, ou-ir, jou-ir et leurs dérivés.

— **ui** équivaut à l'i simple lorsqu'il est précédé des lettres **g, q :**

Gui-mau-ve, qui, qu'il.

VIIIe Règle. — Les sons triples réunis : **aie** (è), **eai** (è), **eau** (o), **eui** (e-i), **œi** (é-i), **œu** (e), **oie** (oa), **oui** (ou-i), **ueu** (e) ne se séparent pas :

EXEMPLES.

Baie, geai, veau, deuil, œil, vœu, broie, oui, gueu-le.

Nota. Les règles ci-dessus comprennent la généralité des cas ; l'usage apprendra le reste.

LECTURES [1].

AUX ENFANTS.

Les let-tres que vous a-vez sous les yeux ne sont plus pour vous au-jour-d'hui des fi-gu-res mu-et-tes et in-si-gni-fi-an-tes ; l'ar-ran-ge-ment qui en a fait des syl-la-bes, puis des mots, puis des phra-ses, leur a don-né, pour ain-si di-re, un corps et u-ne â-me ; el-les vous par-lent mieux que je ne le pour-rais fai-re, en pro-non-çant les sons qu'el-les ex-pri-ment ; car vo-tre mé-moi-re, si gran-de qu'el-le soit, au-rait bien de la pei-ne à les re-te-nir tous, tan-dis qu'il vous se-ra tou-jours pos-si-ble de les re-trou-ver con-si-gnés i-ci dans l'or-dre où vous les y vo-yez main-te-nant ; mais ce n'est point as-sez pour moi de vous a-voir don-né les mo-yens d'ap-pren-dre promp-te-ment à li-re ces li-gnes, ain-si que les bons li-vres, qui vous se-ront con-fiés bien-tôt, je dois vous fai-re com-pren-

---

[1] Avant d'aborder ces lectures, les instituteurs feront bien de faire lire aux enfants les mots des exercices numéros 2, 3, etc., jusqu'au 11e inclusivement, compris entre les sons articulés et les mots orthographiés.

dre les prin-ci-paux de-voirs que vous au-rez à rem-plir sur la ter-re du-rant tou-te vo-tre e-xis-ten-ce.

DIEU. — NOS DEVOIRS ENVERS LUI.

L'E-tre qui cré-a tout, qui rè-gle tout a-vec une sa-ges-se in-fi-nie, qui se ma-ni-fes-te à nous, dans le su-bli-me ou-vra-ge de la na-tu-re, ce pè-re de tous les hom-mes, ce roi de tous les rois, c'est Dieu. Il n'a pas vou-lu se fai-re au-tre-ment com-pren-dre de nous, que par les bien-faits sans nom-bre qu'il ré-pand; tous les peu-ples de la ter-re pu-blient a-vec des trans-ports de joie qu'il n'est rien d'aus-si grand que lui; cha-cun sent au fond de son cœur le be-soin de lui ren-dre hom-ma-ge : u-nis-sez vos voix à ce con-cert de lou-an-ges, prou-vez-lui par une con-dui-te ré-gu-liè-re et de bons sen-ti-ments que vous l'ai-mez par-des-sus tou-tes cho-ses, et vous vous ren-drez ain-si de plus en plus di-gnes de ses bon-tés.

DEVOIRS ENVERS LES PARENTS.

Ceux que vous de-vez le plus ai-mer a-près Dieu sont vos pè-re et mè-re. Rap-pe-lez-vous que vous leur de-vez le jour ; mon-trez-leur cons-tam-ment du res-pect et de la vé-né-ra-tion. Com-me ils ne peu-vent a-voir en vue que vo-tre bon-heur, é-cou-tez at-ten-ti-ve-ment les con-seils et les a-ver-tis-se-ments qu'ils vous don-nent; ils é-ma-nent de leur ten-dres-se. Lors-que la vieil-les-se au-ra blan-chi leurs che-veux, n'ou-bli-ez pas qu'ils ont sou-te-nu vos pre-miers pas dans le mon-de; mon-trez-vous a-lors plus em-pres-sés que ja-mais à de-van-cer leurs moin-dres dé-sirs; en-tou-rez-les de soins dé-li-cats; mon-trez-vous in-dul-gents pour leurs fai-bles-ses; so-yez leur ai-de et leur ap-pui, com-me ils ont é-té le vô-tre, dus-siez-vous pour ce-la vous im-po-ser de gran-des pri-va-tions; et Dieu, qui comp-te aux hom-mes le bien qu'ils font, vous don-ne-ra de longs jours et ne vous a-ban-don-ne-ra ja-mais.

DEVOIRS ENVERS NOS SEMBLABLES.

Fais aux autres cé que tu voudrais qu'il te fût fait.

Ce-lui qui met-tra cet-te bel-le ma-xi-me en pra-ti-que ne cen-su-re-ra pas la con-dui-te de son pro-chain; il ne croi-ra pas aux dis-cours de la mal-veil-lan-ce et de l'en-vie; il ne ré-pé-te-ra point leurs ca-lom-nies; il ne ren-dra ja-mais le mal pour le mal; il n'au-ra de hai-ne con-tre per-son-ne ; il se-ra com-pa-tis-sant pour les fai-bles-ses et les dé-fauts d'au-trui ; il pren-dra plai-sir à sou-la-ger l'in-for-tu-ne ; il a-pai-se-ra les dis-sen-si-ons qui naî-tront au-tour de lui; en un mot, sa ver-tu le pla-ce-ra bien haut dans l'es-prit de Dieu et dans l'o-pi-ni-on des hom-mes.

LES SENS.

N'a-vez-vous ja-mais vu de bel-les pê-ches? —Vo-tre main n'a-t-el-le ja-mais ef-fleu-ré le du-vet qui les re-cou-vrait?— Quel-le dou-ce o-deur el-les ré-pan-daient! mais cet-te o-deur a-gré-a-ble, dont vous n'a-vez pas dû per-dre le sou-ve-nir, n'é-tait rien, en com-pa-rai-son de la sa-veur ex-qui-se, que vous leur a-vez trou-vée en les cro-quant.

Eh bien, mes chers en-fants, lors-que vous re-gar-diez ces fruits, vous e-xer-ciez votre *vue*, c'est-à-di-re un des cinq sens que Dieu nous a don-nés à tous, pour nous fai-re é-vi-ter les dan-gers aux-quels nous som-mes ex-po-sés. En met-tant ces pê-ches en con-tact a-vec vo-tre main, c'é-tait un nou-veau sens que vous e-xer-ciez en-co-re : on le nom-me le *tou-cher*. En res-pi-rant le par-fum qu'el-les ex-ha-laient, un troi-siè-me sens é-tait mis en jeu par vous, ce sens est l'*o-do-rat*. Le *goût*, qui vous fai-sait ap-pré-cier la bon-té de ces fruits, est au-ssi un de vos sens ; mais ce-lui-ci l'a em-por-té sur les au-tres par le plai-sir plus grand qu'il vous a pro-cu-ré.

Il en est un cin-quiè-me qu'on ap-pel-le l'*ouïe*. Ce sens nous fait en-ten-dre les sons pro-duits par les corps mis en mou-ve-ment au-tour de nous.

DIVISION DU TEMPS.

L'an-née se di-vi-se en qua-tre sai-sons, sa-voir :

Le prin-temps, qui com-men-ce du vingt au vingt-trois mars ;

L'é-té, qui com-men-ce du vingt au vingt-trois juin ;

L'au-tom-ne, qui com-men-ce du vingt au vingt-trois sep-tem-bre ;

Et l'hi-ver, qui com-men-ce du vingt au vingt-trois dé-cem-bre.

L'an-née se di-vi-se aus-si en dou-ze mois, qui sont :

1. Jan-vier.   4. A-vril.
2. Fé-vri-er.   5. Mai.
3. Mars.   6. Juin.

7. Juil-let. 10. Oc-to-bre.
8. Août. 11. No-vem-bre.
9. Sep-tem-bre. 12. Dé-cem-bre.

Les mois de jan-vier, mars, mai, juil-let, août, oc-to-bre et dé-cem-bre ont tren-te et un jours; les au-tres n'en ont que tren-te, ex-cep-té fé-vri-er, qui en a vingt-huit dans les an-nées or-di-nai-res, et vingt-neuf dans les an-nées bis-sex-ti-les.

Les an-nées qui ont trois cent soi-xan-te-six jours se re-nou-vel-lent tous les qua-tre ans.

Les an-nées or-di-nai-res ont un jour de moins, c'est-à-di-re trois cent soi-xan-te-cinq jours.

L'an-née se di-vi-se en-co-re en cin-quan-te-deux se-mai-nes; cha-que se-mai-ne com-prend sept jours, que l'on nom-me:

1° Di-man-che;
2° Lun-di;
3° Mar-di;
4° Mer-cre-di;
5° Jeu-di;
6° Ven-dre-di;
7° Sa-me-di.

Cha-que jour, qui com-men-ce à mi-nuit et se ter-mi-ne au mi-lieu de la nuit sui-van-te, est com-po-sé de vingt-qua-tre heu-res.

Cha-que heu-re se di-vi-se en soi-xan-te mi-nu-tes, et en-fin, cha-que mi-nu-te en soi-xan-te se-con-des.

Un lus-tre se com-po-se de cinq ans.

Vingt lus-tres ou cent ans font un siè-cle.

De-puis la nais-san-ce de Jé-sus-Christ, il s'est é-cou-lé mil huit cent qua-ran-te-deux ans.

POINTS CARDINAUX.

Le point où vous a-per-ce-vez le so-leil, à mi-di, s'ap-pel-le sud.

Le point op-po-sé s'ap-pel-le nord.

Le point in-ter-mé-diai-re à droi-te se nom-me ouest.

Enfin, le point op-po-sé à l'ouest se nom-me est.

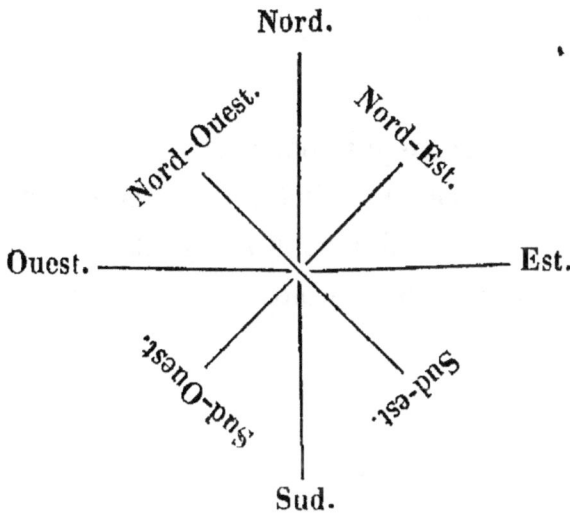

L'ENFANT ET LE MENDIANT.

FABLE.

Malum auctori pessimum. Éraste.

Un jour certain enfant, ennemi du savoir,
Préférait à l'école une place publique ;
    Là, son plaisir était de voir
Les bonds multipliés d'une balle élastique ;
Tandis qu'à la lancer, puis à la recevoir,
    Ce petit paresseux s'applique,
Un pauvre mendiant, inspirant le respect,
Passe tout près de lui, courbé sous sa besace ;
Loin d'ôter son chapeau, le drôle, à son aspect,
   Se met à faire une horrible grimace ;
    Puis aussi prompt qu'un écureuil,
Par un trait plus méchant bientôt il se signale :
Il mire le vieillard, l'attrape ; mais la balle
Revient sur elle-même et lui fait perdre un œil.

    Du bien soyons les apôtres ;
S'il coûte tout d'abord, plus tard ses fruits sont doux.
Mais le mal que parfois nous voulons faire aux autres,
Plus terrible toujours retourne contre nous.

Ch. Wilh.

PRIÈRES

A L'USAGE DES CATHOLIQUES.

Au nom du Père, et du Fils, et du Saint-Esprit. Ainsi soit-il.

In nómine Patris, et Filii, et Spiritûs sancti. Amen.

L'ORAISON DOMINICALE.

Notre Père, qui êtes dans les cieux, que votre nom soit sanctifié, que votre règne arrive, que votre volonté soit faite sur la terre comme au ciel; donnez-nous aujourd'hui notre pain quotidien, et pardonnez-nous nos offenses, comme nous pardonnons à ceux qui nous ont offensés; et ne nous abandonnez point à la tentation, mais délivrez-nous du mal. Ainsi soit-il.

Pater noster, qui es in cœlis, sanctificetur nomen tuum: adveniat regnum tuum ; fiat voluntas tua, sicut in cœlo et in terrâ. Panem nostrum quotidianum da nobis hodie, et dimitte nobis debita nostra, sicut et nos dimittimus debitoribus nostris. Et ne nos inducas in tentationem: sed libera nos à malo. Amen.

LA SALUTATION ANGÉLIQUE.

Je vous salue, Marie, pleine de grâce, le Seigneur est avec vous, vous êtes bénie entre toutes les femmes, et Jésus, le fruit de vos entrailles, est béni.

Sainte Marie, mère de Dieu, priez pour nous pauvres pécheurs, maintenant et à l'heure de notre mort. Ainsi soit-il.

Ave Maria, gratiâ plena; Dominus tecum, benedicta tu in mulieribus, et benedictus fructus ventris tui, Jesus.

Sancta Maria, mater Dei, ora pro nobis peccatoribus, nunc et in horâ mortis nostræ. Amen.

LE SYMBOLE DES APOTRES.

Je crois en Dieu le Père tout-puissant, créateur du ciel et de la terre; et en Jésus-Christ, son Fils unique, Notre-Seigneur, qui a été conçu du Saint-Esprit, est né de la Vierge Marie, a souffert sous Ponce Pilate, a été crucifié, est mort et a été enseveli, est descendu aux enfers, et est ressuscité des morts le troisième jour; est monté aux cieux, et est assis à la droite de Dieu le Père tout-puissant, d'où il viendra juger les vivants et les morts.

Je crois au Saint-Esprit, à la sainte Eglise catholique, à la communion des saints, à la rémission des péchés, à la résurrection de la chair, à la vie éternelle. Ainsi soit-il.

Credo in Deum, Patrem omnipotentem, creatorem cœli et terræ; et in Jesum Christum Filium ejus unicum, Dominum nostrum, qui conceptus est de Spiritu sancto, natus ex Mariâ Virgine, passus sub Pontio Pilato, crucifixus, mortuus et sepultus : descendit ad inferos; tertiâ die resurrexit à mortuis : ascendit ad cœlos; sedet ad dexteram Dei Patris omnipotentis, inde venturus est judicare vivos et mortuos.

Credo in Spiritum sanctum, sanctam Ecclesiam catholi-

cam, sanctorum communionem, remissionem peccatorum, carnis resurrectionem, vitam æternam. Amen.

LA CONFESSION DES PÉCHÉS.

Je confesse à Dieu tout-puissant, à la bienheureuse Marie toujours vierge, à saint Michel archange, à saint Jean Baptiste, aux apôtres saint Pierre et saint Paul, à tous les saints, que j'ai beaucoup péché, par pensées, par paroles et par actions; j'ai péché par ma faute, par ma faute, par ma très-grande faute. C'est pourquoi je supplie la bienheureuse Marie toujours vierge, saint Michel archange, saint Jean Baptiste, les apôtres saint Pierre et saint Paul, tous les saints, de prier pour moi le Seigneur notre Dieu.

Confiteor Deo omnipotenti, beatæ Mariæ semper virgini, beato Michaeli archangelo, beato Joanni Baptistæ, sanctis apostolis Petro et Paulo, omnibus sanctis : quia peccavi nimis cogitatione, verbo et opere, meâ culpâ, meâ culpâ, meâ maximâ culpâ. Ideo precor beatam Mariam semper virginem, beatum Michaëlem archangelum, beatum Joannem Baptistam, sanctos apostolos Petrum et Paulum, omnes sanctos, orare pro me ad Dominum Deum nostrum.

LES COMMANDEMENS DE DIEU.

Un seul Dieu tu adoreras,
Et aimeras parfaitement.
Dieu en vain tu ne jureras,
Ni autre chose pareillement.
Les dimanches tu garderas,
En servant Dieu dévotement.

Tes père et mère honoreras,
Afin de vivre longuement.

Homicide point ne seras,
De fait ni volontairement.

Luxurieux point ne seras,
De corps ni de consentement.

Le bien d'autrui tu ne prendras,
Ni retiendras à ton escient.

Faux témoignage ne diras,
Ni mentiras aucunement.

L'œuvre de chair ne désireras,
Qu'en mariage seulement.

Biens d'autrui ne convoiteras,
Pour les avoir injustement.

LES COMMANDEMENTS DE L'ÉGLISE.

Les dimanches messe ouiras,
Et les fêtes pareillement.

Les fêtes tu sanctifieras,
Qui te sont de commandement.

Tous tes péchés confesseras,
A tout le moins une fois l'an.

Ton Créateur tu recevras,
Au moins à Pâques humblement.

Quatre-Temps, Vigiles jeûneras,
Et le Carême entièrement.

Vendredi chair ne mangeras,
Ni le Samedi mêmement.

FIN.